ALLOCUTION

pour le

MARIAGE

DE

M. CARLOS BARBIÈRE

ET DE

MADEMOISELLE REINE JAVERZAC

Dans l'église Notre-Dame de Bergerac

LE 23 AVRIL 1889

PAR M. L'ABBÉ J. SAGETTE

CHANOINE HONORAIRE, CURÉ DE LA MADELEINE DE BERGERAC

BERGERAC
IMPRIMERIE GÉNÉRALE DU SUD-OUEST (E. MAURY)

1889

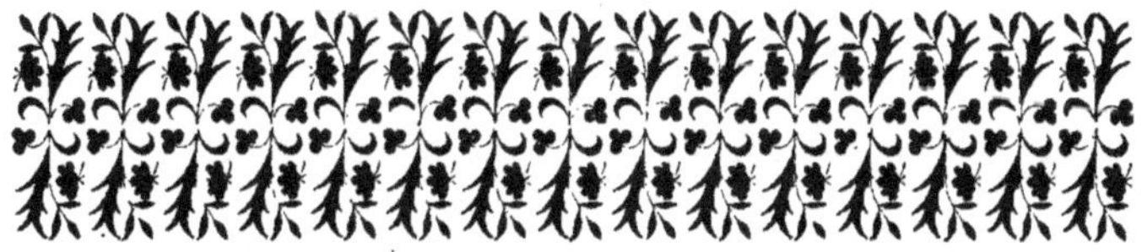

ALLOCUTION

pour le

MARIAGE

DE

M. CARLOS BARBIÈRE

ET DE

MADEMOISELLE REINE JAVERZAC

JE dois commencer par saluer l'ange de cette église en remerciant mon vénérable ami, l'Archiprêtre de Notre-Dame. Il a bien voulu m'investir de sa juridiction et me communiquer son autorité, pour me donner le droit et me causer la joie de bénir cette union. C'est, en effet, une des prérogatives les plus précieuses de notre charge pastorale de répandre les grâces de notre ministère, avec les bénédictions de notre cœur, sur des unions bien assorties, et de présider à la formation d'une famille chrétienne, dont les éléments choisis, ont été pour ainsi dire préparés par nos mains et guidés par nos conseils paternels.

Après ce premier devoir accompli, je m'adresse à vous, mon cher Fils et ma chère Fille : je vais tâcher, en exprimant les vœux et les prières de cette nombreuse et brillante assistance de parents et d'amis, qui vous environnent et vous assistent, de vous rappeler en quelques mots les graves enseignements et les maternelles sollicitudes de l'Église, pour l'union conjugale de ses enfants. Ces enseignements, je dois vous les rappeler ; mais je ne fais que vous les rappeler : Car vous étant chrétiennement préparés à reçevoir la grâce du Sacrement, vous avez été pleinement instruits de ces grandes vérités qui portent la société tout entière, et qui doivent honorer votre vie en sanctifiant votre âme.

Écoutons d'abord la divine parole du Maître. Jésus-Christ, interrogé par les Pharisiens sur l'indissolubilité du lien conjugal, leur rappelle l'institution primordiale du Mariage. — *Ne lisez-vous pas, leur dit-il, que celui qui a fait l'homme dès le commencement, les a fait homme et femme:* dans l'unité d'une première créature intelligente et raisonnable, qu'il dédoubla ensuite pour en faire un couple, homme et femme : fondant l'unité du genre humain dans l'unité du premier couple et dans la fécondité de leur union. Le Divin médiateur rappelle et confirme cette création originelle de l'homme et de la femme. Il la connaît par le fond même ; car c'est Lui, divine intelligence du Père, dont la main d'artiste a sculpté le corps humain, et dont le souffle divin a fait couler une âme dans ses membres vivants ; c'est Lui qui tira de cette première œuvre, la femme, qui devait être épouse, après avoir été sœur, et qui la réunit à l'homme *pour être un aide semblable à lui*, dans l'œuvre providentielle de la multiplication des enfants de Dieu.

C'est pourquoi, dit le Maître adoré qui refait son œuvre et restaure son institution dégradée par le péché, *c'est pourquoi l'homme quittera père et mère et s'attachera à son épouse* : et *ils seront deux en une chair*. Ainsi ils ne sont plus deux, mais une chair sanctifiée et réduite à l'unité : Donc, ajoute le Maître : *ce que Dieu a uni*, *que l'homme ne le sépare pas*. Telle est la parole sacramentelle ; telle est l'institution du mariage chrétien ; telle est l'indissoluble union de deux âmes baptisées, s'unissant dans une chair sanctifiée sous le regard de Dieu et la bénédiction de l'Église. (S. Mathieu, XIX.)

Écoutons maintenant l'Apôtre développant la pensée du Maître, découvrant les origines divines du mariage dans la pensée de Dieu, et son incomparable dignité dans l'Incarnation. — *Les femmes*, dit-il, *doivent être soumises à leurs maris, comme au Seigneur*, dont ils sont l'image et dont ils portent l'autorité. *L'homme, en effet, est la tête de la femme, comme le Christ est la tête de l'Église.* Dans ce corps mystique formé par l'union de deux personnes dans une seule chair, l'homme est la tête qui doit commander et régir : comme la femme est le cœur qui doit animer et régler la vie. *Mais comme l'Église est soumise au Christ, ainsi les femmes seront soumises à leurs maris en toutes choses. Hommes, aimez vos femmes comme le Christ a aimé l'Église, et s'est livré pour Elle, afin de la sanctifier, la purifiant par le baptême dans le Verbe de vie : afin de se préparer une glorieuse épouse, n'ayant ni tache, ni ride, ni défaut, mais étant toute sainte et immaculée.*

Voilà l'idéal du mariage chrétien et voilà l'incomparable dignité des époux au rayonnement de l'incarnation. L'apôtre ajoutera : *Ce sacrement est grand ; mais je le dis dans le Christ et dans l'Église.* C'est donc un Sacrement qui va vous unir : Un Sacrement spécial, une grâce influente, un écoulement du sang et de l'amour de Jésus-Christ, sous le voile d'un consentement mutuel, et comme dans le cœur même de cette création auguste d'un couple de deux âmes unies en une seule chair. Ainsi, la première union du paradis terrestre annonçait et figurait, promettait et préparait le divin mariage du Verbe avec la nature humaine; ainsi, l'union du fils de Dieu dans le mystère de l'incarnation est le modèle, le type accompli du mariage chrétien; ainsi, l'époux est dans cette union, un christ pour son épouse, un christ aimant et dévoué, un christ maître et libérateur, un christ qui domine par la condescendance et gouverne par l'amour. Ainsi, l'épouse reconnaissante et touchée du choix, de l'amour, de la tendresse de son époux, trouve facile et tout aimable la soumission à son époux : Elle révère en lui l'autorité du Christ et le reflet de sa lumière dans la dignité de sa condition.

C'est pourquoi, conclut l'Apôtre comme le Maître, l'*homme quittera son père et sa mère et s'attachera à son épouse : et ils seront deux en une chair. Ainsi chaque époux doit aimer son épouse comme soi-même; mais que l'épouse révère son mari*. L'apôtre qui recommande à l'époux l'amour pour son épouse, ne le recommande pas à l'épouse pour son époux. Recommandation inutile, en effet, puisque l'épouse est le cœur dans cette unité substantielle du mariage et dans cette société domestique. Mais, comme si cet amour avait besoin de tempéramment: *que la femme*, dit-il, *craigne et révère son mari*, son christ domestique, et qu'elle tempère son amour reconnaissant et passionné, par ce respect qui doit régler les sentiments les plus exaltés et qui les conserve en les transfigurant. (Ephes. v.)

Ces enseignements que je devais vous rappeler, cher Fils et chère Fille, vous les comprenez, vous les goûtez : vous en comprenez l'importance et la grandeur ; vous en goûterez mieux la suavité à mesure que vous avancerez dans la vie : et vous en ferez la règle de votre double existence dans une même destinée. Nous avons l'espoir, nous avons la certitude que votre union est bénie. Non seulement elle est bénie dans cette cérémonie solennelle par le ministère du prêtre, mais elle est bénie par un concours de circonstances qui révèlent une intention toute particulière de la bonté de Dieu votre père, et de la tendresse du Christ votre maître. Venus de si loin, habitants de pays si distants, comment vous êtes-vous rencontrés au pied de cet autel ? Dieu sans doute vous a conduits l'un vers l'autre, puisqu'il vous avait faits l'un pour l'autre. Mais dans l'exécution de son dessein, il s'est servi d'agents intelligents et délicats. Votre union fut d'abord la pensée, — dirai-je le rêve aimable ? — d'une amie chrétienne. Dieu sourit d'ordinaire à ces rêves affectueux de cœurs aimants et dévoués. Celui-ci se réalise à l'honneur de deux familles distinguées, et à la joie de nombreux amis. Mais je ne puis oublier de dire que ce projet fut servi par des cœurs empressés et dévoués; et qu'un grand-oncle qui remplaça auprès de vous, mon cher fils, votre père trop éloigné, guida vos premières démarches. Il semble sortir un moment de son deuil inconsolable pour sourire à votre jeune bonheur, il assiste à votre union qui lui rappelle de doux et déchirants souvenirs. Enfin pourquoi ne dirais-je pas que ma vieille affection fut heureuse de rendre son témoignage sincère aux grâces et aux vertus de celle qui devait être votre heureuse épouse ?

Enfin, comme un charme de plus et comme une grâce ajoutée, votre union privilégiée se célèbre pendant les fêtes pascales. L'*Alleluia* chante sur vos têtes et retentit dans vos cœurs. La lumière du Christ ressuscité dore vos jeunes fronts, comme elle embellit la nature : elle promet au printemps de vos deux vies unies en une seule existence, un avenir fécond sur la terre et béni pour le ciel.

Vous verrez, mon cher fils, dans tout ce concours de circonstances et de volontés unies pour faire votre bonheur, vous verrez une preuve des desseins de Dieu sur vous et de ses paternelles attentions pour votre avenir.

Il vous a donné un père intelligent et une tendre

mère qui vous ont préparés à la vie sérieuse. Il vous a ménagé des protecteurs et des amis pour guider votre avenir. Il vous donne maintenant une épouse choisie, préparée, ornée de toutes les amabilités de la grâce et de la nature, pour éclairer, embellir votre voie et compléter votre vie.

Elle sera pour vous ce que saint Augustin rappelle que fut Monique pour son époux. Dans une prière émue et charmante ce grand Docteur dit de sa mère. (Entendez-le de votre fille, parents heureux et attendris) : — Élevée pudiquement et sobrement, plutôt soumise à ses parents, par vous Seigneur, que par eux soumise à vous, lorsqu'elle eut atteint les années nubiles de sa belle jeunesse, elle fut remise à son mari : elle le servit comme son Seigneur, elle s'attacha à le gagner à vous, lui parlant moins par ses discours que par ses vertus, avec lesquelles vous la faisiez si belle, si respectueusement aimable et admirable pour son époux (S. Aug. Conf. 4. IX. 9).

Vous comprendrez ce langage, mon cher fils : vous avez l'esprit assez ouvert et le cœur assez haut pour le comprendre. Vous appliquez votre vive intelligence et votre science acquise, à des calculs, à des travaux qui soumettent la matière selon les volontés de l'homme, qui tracent des voies où les ailes de la vapeur entraînent les hommes et portent la civilisation jusqu'aux extrémités du monde. Ces lois que vous étudiez, ces forces que vous disciplinez, vous enseignent celui qui a fondé ces lois et qui régularise ces forces. Mais si vous découvrez la suprême intelligence qui préside à ces mouvements et la Providence divine qui réserve à l'homme ces moyens de transport et ces outils de progrès, vous verrez mieux encore et vous aimerez davantage la présence et l'action de votre Dieu dans la conscience droite et le cœur aimant d'une épouse chrétienne.

— *La grâce d'une femme attentive et dévouée*, disent nos livres saints, *charmera son mari; et ce charme coulera, comme une huile parfumée, jusqu'à la moëlle de ses os. Comme une aurore qui se lève sur le monde, sera son doux visage dans la maison; et, comme une lampe allumée sur son chandelier d'or, elle illuminera le sanctuaire domestique des rayons de sa beauté. C'est une grâce au-dessus de toute grâce, une femme sainte et pudique.* Et l'Esprit-Saint ajoute : *C'est un don de Dieu.* Vous serez reconnaissant, cher fils, pour ce don exquis, envers le Christ qui vous l'a fait, envers l'Église qui vous l'a conservé. (Eccle. XXVI).

C'est vous, ma chère fille, qui êtes ce don, et qui serez cette épouse fidèle, aimante et dévouée. Vous avez été préparée à ces devoirs et formée dans ces vertus par une mère chrétienne dans un foyer préservé. Une maison d'éducation où se forment des chrétiennes pour toutes les situations de la vie et pour toutes les vertus de la vierge et de la femme, compléta l'œuvre maternelle. Vous avez été dans la famille une joie, un charme, un aide; et, quand la mort est venue prendre un petit ange à vos côtés, vous avez été la consolation et vous avez rattaché des cœurs désolés au devoir de la vie par les espérances du ciel! Aussi, vous l'avez pensé comme votre pieuse mère, c'est l'intercession de ce petit frère envolé au ciel comme un petit saint, qui vous a obtenu l'époux à qui Dieu va vous donner aux pieds de son autel.

Mais ce souvenir m'en rappelle un autre aussi touchant, pour vous, mon cher fils et pour votre famille: c'est une petite sœur qui s'était envolée de votre foyer paternel; et ces deux âmes innocentes se sont rencontrées au ciel, dans une prière commune, pour préparer et faire décréter votre union sur la terre.

Vous serez donc simplement, suavement et fortement une épouse chrétienne, ma chère fille, comme vous avez été une fille dévouée, une sœur aimante. Dans l'accomplissement de vos devoirs si multiples et si graves, pour le bonheur de votre époux et pour la joie des deux familles qui s'unissent en vous, l'Église répand sur vous des bénédictions toutes spéciales et vous montre ses plus beaux exemples de vertus. C'est sur votre tête qu'elle fait pleuvoir ses plus abondantes prières. Elle demande au Seigneur que, *fidèle et chaste, vous soyez unie à votre époux dans le Christ; que vous soyez toujours l'imitatrice des saintes femmes* dont les noms rayonnent dans la Bible : *Aimable pour votre mari comme Rachel, sage comme Rebecca, de longue vie et d'irréprochable fidélité comme Sara : que vous soyez liée par le devoir au foyer domestique comme par votre chaste amour au cœur de votre époux; que vous soyez grave de modestie, vénérable de pudeur, instruite des doctrines célestes; que votre union soit féconde; et que de beaux enfants, comme des plants d'oliviers, entourent votre table de famille; que vous soyez estimée, innocente, et que vous parveniez au repos du bonheur et dans les royaumes célestes :* Enfin que tous les deux *vous voyiez les enfants de vos enfants jusqu'à la troisième et quatrième génération, et que vous parveniez à une vieillesse avancée et honorée de tous.* (Missale Rom. Missa pro sponso).

Vous le voyez, cher Fils et chère Fille, les bénédictions vont vous envelopper de toutes parts : Elles porteront votre vie, accompagneront vos pas ; elles feront réussir vos entreprises ; elles garderont les berceaux où reposeront vos enfants et vous ouvriront la porte des joies éternelles!

Presque aussitôt que vous serez unis, vous partirez pour de lointaines régions, vous porterez vos jeunes destinées outre-mer. Je ne dis pas les larmes, les regrets, les espérances qui vous accompagneront : les cœurs de vos nombreux amis, mais surtout les cœurs de vos pères et de vos mères pourraient seuls le dire. Mais ce que je puis vous dire, c'est que les bénédictions de l'Église et les grâces du Sacrement vous suivront partout. Vous allez, mon cher Fils, porter dans un pays étranger l'activité de votre intelligence et travailler à son bien-être en ouvrant une voie nouvelle. Vous porterez la patrie, notre chère France, et vous ferez admirer les ressources de son esprit avec les séductions de sa courtoisie. Et vous, ma chère Fille, vous porterez là-bas, la distinction, la grâce, l'amabilité de la femme française relevée par les vertus chrétiennes. C'est encore la patrie que vous ferez admirer, que vous ferez aimer.

Allez donc, chers missionnaires de tout ce que la Patrie française a d'aimable et de fort, accomplissez votre devoir : nos bénédictions vous accompagnent et nos prières vous ramèneront. Vous disiez, mon enfant, dans une explosion de joie naïve : Je crois que je suis née sous une heureuse étoile. Je le crois comme vous et je vais vous dire le nom de cette étoile sous laquelle vous êtes née et qui vous protègera de ses divines influences : c'est celle que nous appelons l'*Étoile de la mer*, la *Reine des Anges*. Vous lui fûtes consacrée : elle sourit à votre union du haut de cet autel; elle vous conduira à travers les flots de l'Océan au port de la volonté de Dieu : elle vous ramènera parmi nous, quand vous aurez achevé votre œuvre. Mais en ce moment, cher Fils et chère Fille, elle concentre en son cœur immaculé toutes les tendresses du cœur de vos deux mères, toutes les sollicitudes du cœur de vos deux pères, tous les vœux de nos cœurs d'amis, pour vous faire une auréole de lumière et d'amour où vos deux cœurs, fondus l'un dans l'autre, et vos deux âmes liées par le Sacrement, vivront unis sur la terre et ne se sépareront pas dans l'Éternité.

Bergerac. — Imprimerie Générale du Sud-Ouest (Emile Maury)

www.ingramcontent.com/pod-product-compliance
Lightning Source LLC
LaVergne TN
LVHW052041160826
845678LV00003B/1473

* 9 7 8 2 3 2 9 6 1 7 0 5 3 *